AF267844

1844

A LA CHAMBRE DES DÉPUTÉS.

La **PRINCESSE NAPOLÉON-ELISA BACIOCCHI**, **COMTESSE CAMERATA**, nièce de l'Empereur Napoléon, réclame une inscription de rente sur le grand Livre de la dette publique, de 31,165 fr., acquise à *titre onéreux*, ainsi que les arrérages échus et non perçus.

QUESTION DE **CONFISCATION**

SOUS LA CHARTE CONSTITUTIONNELLE.

CHARTE CONSTITUTIONNELLE :

« Toutes les propriétés sont inviolables. « (ART. 8.) »

« La peine de la Confiscation des biens est « abolie et ne pourra pas être rétablie. « (ART. 57.) »

« La *dette publique* est garantie. Toute « espèce d'engagement pris par l'État avec « ses créanciers *est inviolable.* (ART. 61.) »

De l'Imprimerie d'ADOLPHE BLONDEAU, Rue Rameau, 7.

(PLACE RICHELIEU.)

1844

A LA CHAMBRE DES DÉPUTÉS.

Messieurs les Députés,

Le 5 décembre 1838, le Conseil d'État a renvoyé aux pouvoirs politiques une réclamation formée par Madame la comtesse Camerata, née Baciocchi, nièce de l'empereur Napoléon. C'est par suite de ce renvoi que la princesse a aujourd'hui recours à la Chambre des Députés.

L'exposé et la discussion auxquels on va se livrer démontreront que la justice et une politique bien entendue exigent que l'on se relâche, à l'égard de la comtesse Camerata, de rigueurs désormais inexplicables et que l'on renonce à une odieuse confiscation réprouvée tout à la fois par la Charte, les lois immuables de la morale et l'honneur du pays.

Après les orages politiques arrivent les temps de calme. Sous le consulat et l'empire on rendit aux émigrés rentrans les propriétés non vendues que la république leur avait confisquées. Sous la restauration, fut votée la loi d'indemnité dite du milliard. La révolution de juillet ouvrit les portes de la France et les coffres du Trésor aux proscrits de la restauration. Tout en étant frappée d'exil, la branche aînée des Bourbons ne fut atteinte par aucune confiscation. Charles X conserva ses forêts : la duchesse de Berry a disposé librement de Rosny et de ses autres propriétés mobilières et immobilières. Le duc de Bordeaux possède encore Chambord. Comment se pourrait-il que la famille seule de l'Empereur se trouvât en dehors de toutes les réparations civiles et politiques? Puisque l'on élève des statues et des mausolées au grand capitaine, que l'on fasse enfin disparaître les mesures réactionnaires dont les siens ont eu à souffrir. L'exil est déjà une anomalie en présence de la colonne de la place Vendôme et du monument des Invalides : il ne faut pas y ajouter la spoliation.

HISTORIQUE DE L'AFFAIRE.

§ 1er.

EMPIRE.

DÉCRETS DES 24 MARS 1808 ET 29 NOVEMBRE 1811.

Quand l'empereur Napoléon faisait une conquête, il en tirait parti au profit de ses compagnons de gloire, auxquels il accordait, avec des titres magnifiques, des dotations et des apanages, sans compter les ressources qu'il y puisait pour le trésor français.

Les duchés de Parme et Plaisance furent érigés au profit de deux grands dignitaires de l'état, Lebrun et Cambacérès.

Suivant son habitude, il se réserva dans ces duchés des biens sur lesquels il fit une donation en toute propriété au profit de sa nièce, fille de la princesse Élisa, d'un revenu annuel de 150,000 fr.

La jeune princesse de Piombino n'avait alors que trois ans.

Un enfant de trois ans, quoique placé au rang suprême, n'a pas besoin de 150,000 fr. par an : Napoléon prescrivit, en conséquence, une épargne annuelle de 100,000 fr., réduite plus tard à 75,000 fr. Cette épargne, qui s'augmentait des intérêts, pouvait être employée en acquisitions de maisons, de fermes, etc. L'Empereur imposa une acquisition de rentes sur le grand-livre de la dette publique de France, avec emploi cumulatif de leurs intérêts annuels.

De quelle nature était ce placement ?

Il faut, pour le comprendre, se reporter au décret institutif de la dotation. Il porte que les prélèvements et placements auront lieu jusqu'à la *majorité* ou au *mariage* de la princesse. Ces mots en disent assez. L'épargne annuelle et le produit cumulatif de cette épargne devenaient disponibles à une époque déterminée d'avance par l'Empereur, la majorité ou le mariage (1).

Cette clause était toute spéciale pour la princesse de Piombino, et dérogeait au statut du 1er mars 1808, réglementaire des majorats.

On ne se contenta pas de cette première dérogation. En 1810, le ministre du Trésor fit un rapport à l'Empereur pour lui signaler la position exceptionnelle de la princesse de Piombino, et la nécessité d'un nouveau décret, pour mettre cette position à l'abri de toute confusion et de toute équivoque : « Mon opinion personnelle

------

(1) « A dater du 1er janvier 1808, jusqu'à l'époque de la MAJORITÉ de ladite princesse, « ou jusqu'à celle de son MARIAGE, il sera *prélevé*, sur les revenus desdits biens, la « somme de 100,000 fr. par an, laquelle somme sera placée sur le grand-livre de France, « *ainsi que les intérêts*, au titre de la princesse de Piombino. » (*A.* 5 *du décret* 24 *mars* 1808. Voyez à l'appendice, pièce n° 1.)

» (disait le ministre), est que *l'aliénation* de ces rentes est la consé-
« quence naturelle de l'emploi cumulatif qui doit être fait de leurs
« intérêts annuels en nouvelles acquisitions de rentes semblables,
« jusqu'à l'époque de la *majorité* ou du *mariage* de la donataire.

» Mais comme, toutefois, aucune nouvelle clause ne peut être ré-
« gulièrement insérée dans le grand-livre de la dette publique, sans
« l'ordre spécial de Votre Majesté, je lui propose un projet de décret
« interprétatif de celui du 24 mars 1808, pour régler le *mode particu-*
« *lier d'immobilisation* des rentes acquises par la retenue annuelle. »

Sur ce rapport fut rendu, le 29 novembre 1811, un décret ainsi
conçu : « Les rentes en 5 p. 0/0, provenant de la retenue et du pla-
» cement cumulatif de la somme annuelle de 75,000 fr., à prélever
« sur les revenus que nous avons attribués à la princesse de Piom-
« bino, par notre décret du 24 mars 1808, seront immobilisées et
« inscrites comme telles sur le grand-livre de la dette publique, *jus-*
« *qu'au temps et sous les conditions fixées par notre dit décret.* » (1).

Ainsi, l'immobilisation devait être mentionnée comme ayant pour
limite la *majorité* ou le *mariage* : et de fait, en exécution de ce décret,
on fit, sur le grand-livre de la dette publique, et sur chacune des
inscriptions de rentes, déjà acquises, l'annotation suivante :

« *Immobilière et inaliénable, conformément au décret du 29 novembre*
« 1811. »

Cette même annotation fut successivement faite pour les rentes
achetées, jusqu'en 1814.

L'Italie fut envahie à cette époque par les puissances liguées contre
la France. Les biens sur lesquels étaient assis les revenus de la princesse de Piombino furent séquestrés. Dès ce moment, il ne fut plus

---

(1) Appendice, n° 2.

possible de continuer les placements. Il n'y avait plus à placer que les intérêts annuels des rentes qui, en 1814, s'élevaient à 31,165 fr.

§ II.

RESTAURATION.

Traité de Fontainebleau et autres traités diplomatiques. — Charte constitutionnelle de 1814. — Loi du 12 janvier 1816. — Décision du Conseil d'État de 1826.

L'Empereur abdiqua à Fontainebleau le 11 avril 1814.

Ce même jour, un traité fut passé entre lui et les plénipotentiaires des puissances, par lequel l'île d'Elbe lui était donnée, en toute souveraineté, avec un revenu annuel de *deux millions*, en rentes sur le grand-livre de la dette publique de France.

Par l'art. 5 du traité, les duchés de Parme, Plaisance et Guastalla, étaient donnés en toute propriété et souveraineté, à S. M. l'impératrice Marie-Louise.

Par l'art. 6, deux millions cinq cent mille francs de rentes furent alloués aux membres de la famille impériale. L'article ajoute que « les princes et princesses de la famille de l'empereur Napoléon con-
« serveront, en outre, tous les biens meubles et immeubles, de
« quelque nature que ce soit, qu'ils possèdent à titre particulier, et
« *notamment les rentes dont ils jouissent également comme particuliers,*
« *sur le grand-livre de France*, ou le *Monte-Napoleone* de Milan. » (1).

Cet article garantissait à la princesse de Piombino son inscription de rente de 31,165 fr.

Le traité de Fontainebleau fut confirmé par la convention d'Aix-la-Chapelle, interprétative de l'art. 18 du traité de Paris, laquelle porte « que les arrérages de toutes *dotations* appartiendraient aux

______

(1) Appendice, n° 5.

« anciens dotés, jusqu'au 30 mai 1814. » On consacrait, par là, le principe sacré de la *non-rétroactivité*. (1).

Napoléon partit pour l'île d'Elbe. Il exécuta, en ce qui le concernait, le traité de Fontainebleau. Louis XVIII, qui avait accepté ce traité, se hâta de le violer à l'égard de Napoléon. Ainsi, les deux millions de revenu annuel, à lui promis, ne furent ni inscrits au grand-livre, ni payés. Les 2,500,000 fr., stipulés au profit de sa famille, eurent le même sort. Napoléon manqua du nécessaire ; il eut besoin d'emprunter à des banquiers de Gènes. De plus, on décida, au congrès de Vienne, qu'il serait violemment enlevé de l'île d'Elbe, et conduit ou à l'île Sainte-Lucie, ou à l'île Sainte-Hélène. Il n'attendit pas que le guet-apens fut consommé : il revint en France. (2).

La bataille de Waterloo décida définitivement de son sort. L'exil de Sainte-Hélène, déjà projeté et arrêté, devint enfin une triste réalité.

Louis XVIII remonta sur le trône. La loi du 12 janvier 1816, dite d'amnistie, fut promulguée, et les listes de proscription furent dressées. Un des ministres actuels y figurait (3).

Quon lise l'exposé des motifs de cette loi, les modifications que voulut lui faire subir la commission dont était rapporteur M. de Corbière, la discussion qui s'ensuivit, et enfin le parti auquel s'arrêtèrent les Chambres, et l'on verra que le gouvernement ne voulait aucune confiscation, même à l'égard de la famille Bonaparte. M. le duc de Richelieu, alors président du Conseil des ministres, disait que « la religieuse fidélité du roi pour la loi par laquelle il a *aboli les*

---

(1) Appendice, n. 4.
(2) Appendice, n° 5.
(3) Le maréchal Soult. — M. Teste, ancien ministre des travaux publics, y figurait également.

« *confiscations*, ne lui permettait pas de dépouiller les membres de
« cette famille des biens par eux acquis à *titre onéreux.*» Il ne faisait
exception que pour ceux obtenus à titre *gratuit*.

La commission de la Chambre des députés proposa un article portant que, dans les poursuites qui pourraient avoir lieu, en vertu de
la loi, le Trésor public se porterait partie civile par ses agents, pour
requérir contre les accusés, déclarés coupables, *l'indemnité du préjudice causé* à l'État.

Le mot de confiscation n'était pas prononcé : mais en fait, c'était
la confiscation qui se trouvait rétablie. Il faut lire la discussion qui
eut lieu à cette occasion. Le ministère repoussait l'article de la commission. « Depuis Tibère (disait M. de Richelieu) les *confiscations*
« n'ont été excusées que sous le nom d'*indemnités*... Plus de confis-
« cations, a dit la Charte que nous avons jurée : elle a voulu puiser
« dans nos malheurs une grande leçon pour tous les peuples. Ce
« sont les confiscations qui rendent irréparables et éternels les maux
« des révolutions. »

Ces nobles paroles, résumé des opinions qui furent alors émises
par MM. Siméon, Royer-Collard, Decazes, Colomb, de Serre et
Pasquier, produisirent l'effet qu'elles devaient avoir; la question
préalable fut adoptée, et le projet de loi fut voté, purgé du vice de la
confiscation, que la commission avait voulu y introduire (1)

Aussi l'art. 4 de la loi porte qu'à l'avenir les Bonaparte ne *pourront* posséder en France aucuns biens à eux concédés à titre gratuit, et qu'ils seront tenus de vendre, dans les six mois, ceux par
eux acquis à titre *onéreux* (2).

La rente de la princesse de Piombino était évidemment dans ce

---

(1) Appendice, n° 6.
(2) Appendice, n° 7.

dernier cas. Sans doute l'allocation annuelle de 150,000 fr., constituée sur le duché de Parme, avait été gratuite dans son origine, gratuite à l'étranger.

Mais le revenu une fois touché, quel était son nom, son caractère? Il constituait une somme d'argent, ni plus ni moins, pouvant être employée au gré du propriétaire. Ainsi, si l'on eût acheté chaque année une maison ou une ferme, cette maison ou cette ferme eussent certainement constitué des acquisitions faites à titre onéreux. La princesse Pauline avait acheté, avec le produit de ses revenus, un hôtel dans la rue du faubourg St-Honoré, aujourd'hui possédé par l'ambassade anglaise. La reine Hortense, la princesse Stéphanie, le roi Joseph et autres membres de la famille Bonaparte, avaient fait de semblables acquisitions. A-t-on osé confisquer ces biens sous prétexte que les deniers *originaires* provenaient de dotations gratuites? C'eût été le comble du délire, surtout en présence de la discussion, qui venait d'avoir lieu, de la loi du 12 janvier 1816. Eh bien! ce que l'on n'osa faire à l'égard des frères et sœurs de l'Empereur, on l'osa quelques années plus tard à l'égard de sa nièce, et cela, peut-être, parce que les tuteurs de la jeune princesse différèrent pendant quelque temps la vente de l'inscription de rente. Mais enfin, cette rente avait elle ou non un caractère semblable aux autres propriétés ci-dessus spécifiées? *Oui, elle avait été acquise à titre onéreux.*

Dès-lors, la vente de l'inscription était de droit. Mais, ce n'est pas ainsi que l'entendait le gouvernement de Louis XVIII. Le ministre des finances forma une opposition au paiement des semestres. On en demanda la main-levée devant le Tribunal civil. Un conflit fut élevé. On prétendit que le Conseil d'Etat était seul compétent pour statuer. M. Dupin, l'aîné, délibéra à cette occasion une consultation remarquable, comme tout ce qui sortait de sa plume;

cependant, en présence du conflit, le Tribunal sursit à statuer.

Pourquoi ce conflit?

Parce que l'on prétendait que, s'agissant d'une question de majorat, le Conseil d'État était seul compétent.

Ici commence la longue série de sophismes mis en avant par le gouvernement d'alors.

On a vu que le traité de Fontainebleau consacrait le droit de la princesse; que la loi du 12 janvier 1816 consacrait ce droit derechef. La Charte constitutionnelle, abolitive de la confiscation, plaçait d'ailleurs ce droit sous sa toute-puissante protection.

Comment faire cependant pour *confisquer*, alors que Charte, lois et traités s'opposaient à la *confiscation?*

On eut recours aux principes ordinaires qui régissent les majorats; on fit une confusion inouïe des termes et de l'esprit de la législation qui leur est relative ; on invoqua et l'on appliqua à faux des articles étrangers à la cause; on tronqua à dessein ceux qui lui sont applicables, et de ce monstrueux amalgame de choses contradictoires, sortit l'enfantement non moins monstrueux d'une confiscation abominable.

On prétendit donc, pour dessaisir les Tribunaux ordinaires, qu'il s'agissait d'une question de *majorat.*

En fait, la prétention était sans fondement; car, aux termes de toutes les lois de la matière, le majorat n'existe qu'au profit du premier-né du *sexe masculin* d'une famille, au soutien d'un titre noble, transmissible à perpétuité dans la *descendance masculine* du titulaire, par ordre de *primogéniture,* d'où vient la dénomination de majorat à *major-natu* (1)

---

(1) Merlin, Répertoire de jurisprudence. v° *Majorat.* — Favart de Langlade, Réper-

S'agissant d'une femme, il ne pouvait pas exister de majorat. De quoi s'agissait-il donc? D'un *apanage* peut-être : pas davantage. En effet, aux termes du sénatus-consulte du 30 janvier 1810, institutif de la dotation de la Couronne, les apanages n'étaient dus qu'aux princes de la famille impériale ; les princesses en étaient formellement exclues. (Art. 55 et 56). Et encore, le droit aux apanages n'était ouvert au profit des princes que lorsqu'ils se mariaient, ou qu'ils atteignaient leur dix-huitième année, (Art, 62). Ici, au contraire, l'Empereur avait doté sa nièce dès l'âge de trois ans (1).

Si donc les 150,000 fr. annuels concédés par l'Empereur à la jeune princesse de Piombino sur les biens qu'il s'était personnellement *réservés* dans le duché de Parme ne constituaient ni un majorat ni un apanage, quel caractère possédaient-ils donc ? C'était une donation pure et simple, régie par le droit commun et les deux décrets spéciaux qu'il leur avait consacrés. Alors donc que le gouvernement de la restauration imagina de puiser dans l'arsenal des lois sur les majorats des textes de lois pour confisquer les produits de la libéralité de Napoléon envers sa jeune nièce, il ne le put qu'en falsifiant leur esprit et leurs termes.

Le mot est sévère, mais il est vrai, et nous allons le démontrer en rapportant la décision du Conseil d'État du 2 août 1826. La voici :

« Considérant que les rentes dont il s'agit ont été achetées en « vertu du titre institutif dudit *majorat*, avec le produit des prélève- « ments annuels ordonnés sur les revenus, par *les décrets* des 24 mars « 1808, et 20 novembre 1811 ; qu'elles ont été *immobilisées*, décla-

---

toire de la nouvelle législation, v° *Majorat.*—Dalloz, Jurisprudence générale du royaume, v° *Substitutions.* section, 4, *des Majorats.* — Voyez les décrets impériaux des 30 mars 1806, 14 août suivant, 1er mars 1808, 24 juin 1808, 4 mai 1809, etc., etc.

(1) Appendice, n° 8.

« rées inaliénables, *attachées au titre de princesse de Piombino*, et que
« l'art. 4 du décret du 24 mars 1808 prononce la reversibilité à la
« couronne, sans distinction des biens fonds et desdites rentes ;

« Art. Ier. Il est déclaré que les rentes dont il s'agit font partie du
« *majorat* institué par le décret du 24 mars 1808. » (1).

Répondons :

1° *Les rentes ont été achetées en vertu du titre institutif du majorat.*
Nous avons prouvé qu'il n'existait pas et qu'il ne pouvait pas exister
de *majorat*, attendu le sexe de la princesse ;

2° *Les rentes ont été* IMMOBILISÉES *et déclarées* INALIÉNABLES.

Citez en entier, et ne falsifiez pas en tronquant. Oui les rentes
étaient immobilisées et inaliénables, non à *toujours*, comme celles attachées aux majorats, mais bien jusqu'à la *majorité* ou au *mariage*, ce
qui dérogeait précisément aux règles ordinaires de l'immobilisation
et de l'inaliénabilité ;

3° *Les rentes étaient attachées au titre de princesse de Piombino, et
l'art. 4 du décret du 24 mars 1808 prononce la reversibilité à la couronne,
sans distinction des biens fonds desdites rentes.*

Ici encore la citation est falsifiée ; voici comment l'art. 4 est
conçu :

« Venant, ladite princesse de Piombino, à mourir *sans enfants*, les-
« dits *biens* seront réversibles à la princesse Elisa (mère de la dona-
« taire), et celle-ci venant à mourir *sans héritiers*, nous en réservons
« la reversibilité à notre couronne. »

Mais cet article est tout-à-fait en faveur de la nièce de Napoléon ;
il n'est pas un Tribunal qui ne fût prêt à le décider ainsi, si la question lui était soumise. Essayons de prouver cette vérité.

---

(1) Appendice. n° 9.

En toutes choses il faut prévoir la mort ; eh bien, que serait-il arrivé si la jeune princesse de Piombino fût décédée avant sa mère ? que celle-ci lui aurait succédé dans les biens de Parme, comme aussi dans les rentes françaises. Mais dans quel cas la mère aurait-elle ainsi succédé à sa fille ? Le décret le dit : *en cas de décès sans enfants.* Ainsi la princesse de Piombino serait venue à mourir, laissant des enfants, ceux-ci seuls auraient hérité à l'exclusion de leur grand'-mère ; c'est le droit commun. Et remarquez que les *enfants* auraient hérité sans distinction de sexe, ce qui prouve encore une fois l'absence du *majorat*, lequel ne devient la chose que de l'héritier *mâle* à l'exclusion des filles.

Continuons :

Mais la princesse de Piombino décède sans enfants ; sa mère lui succède en toutes choses. La mère à son tour, vient à décéder ; quel sera le sort des biens de Parme et des rentes françaises ? Le décret le dit encore : le tout sera reversible à la couronne. Dans quel cas cependant ? Dans le cas où la mère de la princesse de Piombino serait décédée sans *héritiers.* Ainsi, n'importe le sexe, les biens auraient appartenu aux autres enfants de la princesse Elisa, et la reversibilité à la couronne ne se serait opérée qu'en cas d'extinction des lignes descendante, ascendante et collatérale, car il y a des *héritiers* dans toutes ces lignes, et le décret, à l'égard de la princesse Elisa, se sert du mot *héritiers* au lieu de celui d'*enfants*, comme pour la princesse de Piombino.

Après le raisonnement, arrivons aux faits :

L'hypothèse de l'art. 4 du décret du 24 mars 1808 s'est-elle réalisée ? Tout le contraire est arrivé : ce qui s'est réalisé ce sont les prévisions principales de Napoléon.

La princesse Elisa est décédée : elle ne succédera donc pas à sa fille. L'Empereur voulait constituer une dot à sa nièce pour l'époque de sa majorité ou de son mariage. La majorité et le mariage sont arrivés. La princesse de Piombino a épousé le comte Camerata : de ce mariage sont issus des enfants.

En présence de ces explications, que devient le raisonnement du Conseil d'Etat? Pour tout homme impartial, la décision de 1826, contraire à la Charte, aux traités, aux décrets des 24 mars 1808 et 19 novembre 1811, contraire aussi au texte comme à l'esprit de toutes les lois relatives aux majorats, a été un monument d'iniquité, dans le but d'arriver à une odieuse spoliation.

Le but a été atteint pendant longues années. Depuis 1814, la comtesse Camerata est privée de son revenu de 31,165 fr. Cette longue infraction à tous les principes de droit et de morale n'aura-t-elle pas enfin un terme?

La nièce de l'Empereur y compte fermement. Elle y compte avec d'autant plus de raison, que, nonobstant la déclaration finale de la décision de 1826, portant que les rentes, dont s'agit, font partie de ce que l'on appelle, très-improprement, le majorat d'Italie, on s'est bien gardé de les immatriculer au nom de Marie-Louise, souveraine de Parme, qui possède aujourd'hui les biens qui composaient le prétendu majorat de sa nièce, par alliance. C'était pourtant ce qu'il fallait faire pour agir logiquement, d'après la règle qui veut que l'accessoire suive le sort du principal.

Mais à quoi bon la logique pour ceux dont le but était de consommer une criante iniquité?

Le gouvernement de juillet pouvait-il accepter la solidarité d'un pareil acte ? Non, et c'est ce qu'a jugé le Conseil d'Etat, sur un nouveau recours de la comtesse Camerata, par sa décision du 5 décembre 1838, signée par le roi.

Nous abordons cette dernière phase de l'affaire.

§ III.

RÉVOLUTION DE JUILLET.

DÉCISION DU CONSEIL D'ÉTAT DU 5 DÉCEMBRE 1838.

La révolution de juillet fut considérée, par la comtesse Camerata, comme une ère de réparation. Tombé sous le poids de ses fautes et de ses crimes, le système gouvernemental de la restauration devait entraîner dans sa chute les actes d'iniquité au moyen desquels il avait violé les lois et la morale publique. La Charte d'une main, le traité de Fontainebleau, la loi du 12 janvier 1816, et les décrets de 1808 et 1811 de l'autre, Mme la comtesse Camerata s'est adressée au gouvernement de juillet et a réclamé justice.

Le Conseil d'Etat a été saisi de nouveau. Composé d'autres hommes que ceux de la restauration, le Conseil d'Etat de 1838 a compris à merveille tout ce qu'il y avait eu d'inoui dans la conduite du dernier gouvernement.

La cause s'est présentée entière; on disait, pour Mme Camerata : la décision de 1826 est absurde et inique à la fois; cependant veut-on l'exécuter? Alors que l'on immatricule l'inscription de rente de 31,165 fr. au nom de Marie-Louise, souveraine actuelle de Parme, de qui nous l'obtiendrons, en vertu du traité par lequel les puissances ont abandonné aux *anciens dotés* le produit des biens à l'étranger, jusqu'au 30 mai 1814.

Si l'on ne veut pas exécuter la décision de 1826, et elle est inexécutable, qu'on la considère comme un acte d'aberration politique, dont l'inconsistance et la nullité résultent de son contexte même, et de l'inapplicabilité ou de la fausse invocation des décrets y mentionnés. On a jugé comme question de *majorat* une question qui n'en était pas une. On a ensuite faussé et tronqué les décrets qui renfermaient la solution de l'affaire. Enfin, l'on a mis sous le pilon tous les documents politiques, tels que le traité de Fontainebleau, le traité de Paris, la Charte de 1814, la loi de 1816.

Il a fallu que la démonstration ait été lumineuse et puissante, pour que le Conseil d'Etat ait jugé, comme il l'a fait, en laissant la question entière, et en renvoyant, pour sa solution, au pouvoir politique, avec citation des textes dans lesquels se trouvent les éléments de la décision définitive à intervenir.

Voici la décision du 5 décembre 1838 :

« Vu le traité conclu à Fontainebleau le 11 avril 1814, le traité du
« 30 mai 1814, la convention diplomatique du 15 juin 1818 ;

« Vu l'art. 4 de la loi du 12 janvier 1816 ;

« Considérant que les questions que présentent à résoudre les re-
« quêtes ci-dessus visées, se rattachent, soit à des traités et des con-
« ventions diplomatiques, soit à des actes de gouvernement, ayant
« un caractère *essentiellement politique*, dont l'interprétation et l'exé-
« cution ne peuvent nous être déférées par la voie contentieuse en
« notre Conseil d'Etat (1) ;

« Les requêtes sont rejetées. »

DISCUSSION.

Le premier acte invoqué par le Conseil d'État est le traité de Fon-
tainebleau du 11 avril 1814 : viennent ensuite le traité du 30 mai 1814, la loi du 12 janvier 1816 et la convention diplomatique du 15 juin 1818.

Le traité de Fontainebleau après avoir garanti, à son article 6, un revenu annuel payable par la France aux divers membres de la fa-

---

(1) Appendice n° 10.

mille impériale, ajoute : « Les princes et les princesses de la famille
« de l'empereur Napoléon conserveront en outre tous les biens meu-
« bles et immeubles, de quelque nature que ce soit, qu'ils possèdent
« à titre particulier et *notamment les rentes* dont ils jouissent, égale-
« ment comme particuliers, *sur le grand-livre de France* et le Monte-
« Napoleone de Milan. »

Ainsi l'inscription de rente de la comtesse Camerata lui est formellement garantie par le traité du 11 avril 1814.

Le traité de Paris du 30 mai 1814 ne s'occupe point et ne devait
point s'occuper, sous peine de double emploi, de la famille impériale : le sort de cette famille était réglé par le traité de Fontainebleau
antérieur de 29 jours seulement.

Cependant, en thèse générale, le traité de Paris consacre le droit
de la princesse de Piombino.

En effet, par l'article 18 les puissances renoncent aux frais des
diverses guerres entreprises contre la France, et le roi Louis XVIII
renonce de son côté à toute réclamation qu'il pourrait former aux
mêmes titres, contre les puissances alliées.

Cet article ne parut point suffisamment explicite. Les conquêtes
françaises avaient donné lieu à la création d'un grand nombre de
dotations payées par les pays conquis aux braves de nos armées, et
au domaine extraordinaire de l'Empereur. A qui appartiendraient
à l'avenir ces *dotations?* A qui en appartiendraient les *arrérages*
échus?

La renonciation de l'article 18 du traité de Paris avait besoin
d'une explication, et une convention supplémentaire et secrète in-
tervint laquelle porte : « La renonciation du gouvernement fran-
« çais contenue dans l'article 18, s'étend notamment à toutes
« les réclamations qu'il pourrait former contre les puissances al-
« liées à titre de *dotations*, de donations, de revenus de la Légion-

« d'Honneur, de sénatoreries, de pensions et d'autres charges de
« cette nature. »

Par suite de ces dispositions, les puissances alliées ont pris possession, chacune en ce qui la concernait, des domaines sur lesquels les
dotations étaient assises. En ce qui touche les arrérages, les puissances, d'un commun accord, les ont attribués aux anciens *dotés* jusqu'au 30 mai 1814, jour du tratié : ce fut un hommage rendu aux
principes de la *non-rétroactivité* des lois et des autres actes de souveraineté; l'avenir seul est de leur domaine : le passé doit toujours être
inviolable. La comtesse Camerata a touché sa dotation en Italie
jusqu'au 30 mai 1814, et les placements en France continuèrent
jusqu'à cette époque.

Ainsi, les biens situés dans le duché de Parme et sur lesquels portait la *dotation* annuelle de 150,000 fr. au profit de la princesse de
Piombino cessèrent d'être affectés à cette dotation et sont aujourd'hui
possédés francs et quittes par l'archiduchesse Marie-Louise, l'ancienne impératrice des Français, la tante par alliance de la comtesse
Camerata.

Mais que devenait la rente de 31,165 fr. acquise en France avec
partie des produits annuels de cette dotation? Comme on l'a déjà dit,
le traité de Paris ne s'en occupe point et ne devait point s'en occuper,
puisque le traité de Fontainebleau statuait en termes formels que
cette rente était la propriété de la comtesse Camerata, laquelle en
conservait la jouissance.

Après les événements des Cent-Jours est intervenue la loi du 12
janvier 1816.

Cette loi de haine et de colère modifie le traité de Fontainebleau,
en ce sens qu'elle ne permet plus aux Bonaparte de rien posséder en
France : mais, tout en les dépouillant de leurs dotations gratuites,
elle les autorise à tirer parti et à vendre dans un délai de six mois

5

toutes leurs propriétés mobilières et immobilières acquises *à titre onéreux*. (Art. 4.)

La rente de 31,165 fr. de la comtesse Camerata était-elle dans ce cas ? On ne l'a jamais contesté.

Mais au moment où la princesse voulait aliéner son inscription on s'y opposa, en prétendant qu'elle ne pouvait ainsi disposer d'une rente faisant partie d'un majorat : et à l'appui de ce raisonnement, on rappelait que l'inscription elle-même mentionnait qu'elle était *immobilière et inaliénable*.

En effet, cette mention existe, mais la clause est ainsi conçue : « Immobilière et inaliénable jusqu'au temps et sous les conditions « fixées par le décret du 24 mars 1808. » Or, ce décret indiquait les deux termes de l'immobilisation et de l'inaliénabilité : c'était la *majorité* ou le *mariage* L'Empereur ne voulut point traiter sa nièce autrement que ses autres sujets, investis du droit d'administrer leur fortune à leur majorité : si elle se fût mariée avant d'être majeure, la rente pouvait aussi être aliénée au profit du mariage.

Comment a-t-on pu méconnaître et dénaturer des choses aussi claires, aussi simples et si peu susceptibles de controverse? Comment a-t-on pu confondre une position aussi intentionnellement *exceptionnelle* avec celle des personnes dont la position est nettement définie par les lois sur les majorats? Si l'Empereur avait voulu que les placements de sa nièce en rentes sur le grand-livre de la dette publique de France fussent à jamais *immobilisés et inaliénables*, il n'aurait pas dit précisément le contraire en disposant par deux décrets qu'à son égard l'immobilisation et l'inaliénabilité n'existeraient que jusqu'à la majorité ou au mariage. En vérité, il ne faut que savoir lire pour résoudre la question; mais le Gouvernement de Louis XVIII lisait à sa manière quand il voulait *dépouiller* les proscrits.

Le Conseil-d'État vise, dans sa décision, la convention diplomatique du 15 juin 1818 : mais, ainsi qu'on peut s'en assurer en la lisant, cette convention ne change rien au traité de Fontainebleau, au traité de Paris et à la loi du 12 janvier 1816.

La convention diplomatique du 15 juin 1818 n'est qu'une transaction sur les stipulations pécuniaires du traité de paix du 30 mai 1814. Pour éteindre les dettes respectives de la France envers l'étranger et de l'étranger envers la France, les hautes parties contractantes conviennent entre elles de certains modes de libération : mais le traité de 1818 ne contient pas un seul mot au sujet de la famille de Napoléon, dont le sort était réglé par le traité du 11 avril 1814 et la loi du 12 janvier 1816.

De tout ce qui précède il faut conclure :

1° Que la rente de 31,165 fr. n'a jamais constitué un majorat : l'Empereur voulut que les deux *tiers* des produits de la dotation d'Italie fussent placés sur le grand-livre de la dette publique de France pour être remis à sa nièce, à sa majorité ou à son mariage : c'était là un dépôt ordonné par le père de famille dans un but de bonne administration et de sage prévoyance : ainsi, au lieu de permettre que tout le revenu fût dépensé chaque année, il prescrivit qu'une notable partie de ce revenu fut placée jusqu'à l'événement prévu. Le placement aurait pu avoir lieu dans une maison de banque, en acquisitions d'immeubles ou de valeurs industrielles : Napoléon donna la préférence au Trésor public : ce n'était assurément pas dans la prévoyance d'une future confiscation.

2° Que le traité de Fontainebleau, à son article 6, a formellement consacré le droit de propriété de la comtesse Camerata sur sa rente de 31,165 fr. Le traité de Paris et la convention diplomatique de 1818 ne portent aucune atteinte au traité de Fontainebleau : bien loin de là, l'acte secret, qui interprète l'article 18 du traité du 30 mai 1814, consacre le droit de la manière la plus explicite ;

3° Que la loi du 12 janvier 1816 consacre de nouveau le droit de la comtesse Camerata, en ce qu'elle lui permet d'aliéner une propriété acquise à titre onéreux ;

4° Que ce n'est que par une confusion de toutes les idées et de tous les principes, et dans un but de confiscation, que la Restauration mit en avant le singulier système tiré de la législation sur les majorats.

5° Qu'en tous cas, avec ce système et la décision du Conseil-d'État de 1826, il aurait fallu immatriculer les 31,165 fr. de rente au nom de Marie-Louise, souveraine actuelle de Parme.

C'en est assez sur toutes ces questions.

La Chambre des Députés voudra bien s'occuper politiquement de l'affaire et l'envisager avec la hauteur de vues qu'elle comporte.

Les arguties sont désormais impossibles. Il s'agit de justice et d'honneur national. La comtesse Camerata est épouse et mère. Les prévisions de l'Empereur à son égard se sont donc réalisées : la rente qu'elle revendique est le patrimoine de ses enfants : ce patrimoine doit lui être rendu. Le Trésor français ne peut s'en emparer. Il ne peut s'emparer de la dot de la nièce de l'Empereur, du faible patrimoine des petits-neveux de l'Empereur.

Nous devons, en finissant, rappeler un principe fondamental de notre législation financière qui domine la question.

Les rentes sur le grand-livre de la dette publique sont *perpétuelles*. Elles peuvent bien passer d'une main dans une autre ; mais la perpétuité de l'inscription subsiste : on ne pourrait annuler une *inscription* au grand-livre qu'en s'appropriant le montant de la somme qui a servi à la créer. Or, qu'est-ce qu'une pareille appropriation, si ce n'est la prise de possession du *bien d'autrui*.

Appropriation, confiscation, spoliation, sont synonymes en pareille matière. Les lois défendent et punissent toutes ces choses de la part des particuliers : à l'égard du gouvernement, la Charte les déclare impossibles, en disant que *la confiscation est abolie et qu'elle ne pourra être rétablie.*

Violer cet article, c'est trahir le pays, car le pays entend que son pacte fondamental soit respecté par ceux à qui la garde en est confiée, et qu'aucun citoyen, français ou étranger, ayant eu confiance dans le Trésor public, ne soit dépouillé par lui, ce qui serait une honte pour la France.

D'un autre côté, les rentes, de leur nature, sont invulnérables ; les créanciers légitimes du rentier ne peuvent les frapper d'*opposition :* la loi les a déclarées insaisissables. Les juges qui ordonneraient leur saisie prévariqueraient, car les juges doivent prononcer d'après les dispositions de la loi, et non contrairement à ses dispositions. D'ailleurs, le jugement ne serait pas exécuté par le Trésor.

Ici, nonobstant la défense de frapper d'*opposition* les rentes, le ministre des finances s'est opposé au paiement des arrérages de l'inscription de Mme Camerata, c'est-à-dire qu'il s'est fait une opposition entre ses propres mains. Procédé inouï, et qui ne peut s'expliquer que par le vertige de l'esprit de parti en temps de réaction ! Parjure véritable, car les auteurs de toutes ces énormités venaient de jurer *fidélité à la Charte constitutionnelle et aux lois du royaume.*

Que dire de la radiation *opérée sur le grand-livre de la dette publique* de la rente de Mme de Camerata, radiation que l'on nous annonce aujourd'hui pour la première fois ?

Mais qui donc a pu l'opérer cette radiation ? Quel est le ministre assez téméraire (1), qui a pu prendre sur lui un acte de cette nature ?

. Radier une rente *perpétuelle :* mais s'il existait une loi sur la res-

---

(1) M. de Villèle.

ponsabilité ministérielle, n'y aurait-il pas là matière à accusation ? Comprend-on qu'alors que la Charte garantit la dette publique, proscrit la confiscation des biens, maintient les lois sur le grand-livre, lois qui protègent tellement les rentes perpétuelles, qu'elle les soustrait à l'action des Tribunaux, il se soit trouvé un ministre pour ordonner une pareille mesure ? Que dirait-on de celui qui ferait démolir la maison d'un citoyen ou mettre le feu à ses récoltes ?

Que peut d'ailleurs signifier cette radiation ? C'est un peu d'encre ayant sali par quelques mots un titre de propriété. Mais s'il était facile de tracer ces mots, il ne l'était pas d'anéantir le droit, de faire disparaître la somme employée à l'acquisition. Le droit subsiste, car, comme l'a dit Bossuet : *Il n'est point de droit contre le droit.* Quant aux capitaux versés au Trésor en acquisitions de rentes, ils ne sont pas sortis du Trésor. Si donc les capitanx existent, si le droit n'a pas cessé d'être, que signifie le mot *radié* qu'un ministre aura fait apposer sur l'inscription ? La Charte, la loi, les traités s'y opposaient : donc le mot est nul, donc il doit être réputé non écrit, donc il s'agit de biffer ce mot, et voilà tout.

Mais, dira-t-on, c'est en vertu de la décision du Conseil d'Etat de 1826 que le mot *annulé* ou *radié* a été apposé sur le titre ?

Singulière raison en vérité !

Nous avons prouvé que les rentes sur l'Etat, par cela qu'elles sont insaisissables et *perpétuelles*, ne peuvent ni être saisies ni annulées ; car une de ces mesures feraient disparaître la *perpétuité*, caractère fondamental de ce genre de propriété.

Nous avons vu que par suite de ce principe, le Trésor ne peut ni ne doit faire aucun cas d'un jugement ou d'un arrêt qui ordonnerait la *saisie* ou l'*annulation* d'une rente (1).

---

(1) Appendice n° 11.

Il doit en être de même à l'égard d'une décision du Conseil d'Etat : ce Tribunal administrrtif n'a pas plus le pouvoir de violer les lois que les Tribunaux ordinaires.

Et d'abord, ce Conseil fut incompétemment saisi (1).

Ensuite, le Conseil d'Etat de 1826, applique les principes du *majorat* dans une affaire à laquelle ces principes étaient complètement étrangers. Au fond, qu'a-t-il jugé ? rien ! Trouve-t-ou, en effet, dans sa décision, l'injonction ou l'autorisation au Trésor d'*annuler* la rente ? nullement et quand même cette disposition s'y trouverait, le devoir du Trésor était de désobéir, à cause de la *perpétuité* du titre.

Que dit, au surplus, le Conseil d'Etat ? que la rente fait partie du *majorat* : mais il n'y avait pas de majorat ; donc le Conseil dit une chose absurde : donc il ne dit rien ; il n'ordonne rien ; car c'est ne rien dire, ne rien ordonner, que de proclamer comme un fait une chose qui n'existe pas.

En résumé sur ce point :

1° Les rentes sont insaisissables : donc l'opposition formée par le ministre des finances au paiement des arrérages était nulle, et ne pouvait sortir aucun effet. (Art. 7 de la loi du 22 floréal, an VII).

2° Les rentes étant *perpétuelles*, leur radiation du grand-livre est impossible : elles peuvent être vendues ; mais, pour cela, il faut le consentement du rentier, et dans ce cas, ce n'est qu'une *mutation* de propriété et non l'annulation de la propriété elle-même. Le remboursement de la dette publique a été repoussé par les Chambres. Il reste un moyen, c'est l'amortissement ; mais pour amortir, il faut que la caisse des dépôts et consignations achète l'inscription à la Bourse, et que le rentier reçoive des écus en échange de son titre.

La conclusion à tirer est que l'inscription de madame de Camerata, qui n'a jamais pu cesser d'exister autrement qu'à l'aide d'une fiction,

---

(1) Appendice, n° 12.

doit lui être rendue. Que l'on emploie pour cela les fonds de négociation, ceux provenant d'extinctions de majorats, qu'un crédit soit voté au besoin, n'importe, sauf à régulariser la chose, par une addition au chapitre du budget relatif à la dette publique.

Nous en avons assez dit et nous concluons.

CONCLUSION.

Ce que l'Empereur donna à sa nièce n'était ni un apanage ni un majorat : son sexe y mettait obstacle, d'après les lois et les décrets de l'empire. Il lui fit une dot pure et simple sur des biens qu'il s'était réservés. En faisant cette donation, il prescrivit une épargne annuelle sur le revenu, et son emploi en rentes, avec clause d'immobilisation et d'inaliénabilité, jusqu'au mariage ou la majorité. Les acquisitions ainsi faites en France avec un argent touché à Parme, étaient des biens acquis à titres onéreux. Le traité de Fontainebleau réserva formellement cette rente à la nièce de Napoléon (art. 6). La convention secrète explicative de l'art. 18 du traité de Paris la lui réserva aussi, par la renonciation qu'elle renferme, de la part des puissances, à *tous revenus jusqu'au 30 mai* 1814. La Charte constitutionnelle la lui maintint par trois articles (9, 66 et 70, remplacés par les articles 8, 57 et 61 de la Charte de 1830). L'art. 4 de la loi du 12 janvier 1816 confirma, en repoussant toute clause de confiscation, et en permettant formellement la vente de la propriété de la princesse.

En présence de tout ce qui précède, la loyauté du gouvernement n'a qu'une marche à suivre : c'est de faire revivre en faveur de Mme de Camerata, et de lui remettre son inscription de rente, pour qu'elle puisse en disposer. avec tous les droits y afférents.

Ainsi le veulent la justice et l'honneur de la France.

Par autorisation de Madame la princesse Elisa Baciocchi, comtesse de Camerata.   F.-M. PATORNI.
Avocat à la Cour Royale de Paris.

APPENDICE.

N° 1.

Décret du 24 mars 1808.

Au Palais de Saint-Cloud, le 24 mars 1808.

NAPOLÉON, Empereur des Français, Roi d'Italie, Protecteur de la Confé-
dération du Rhin,

Avons décrété et décrétons ce qui suit :

ARTICLE PREMIER.

Les biens détaillés dans l'état annexé au présent décret, et produisant un
revenu de cent cinquante mille francs, sont donnés en toute propriété à la princesse Napoléon, fille du prince Félix et de la princesse Élisa, notre sœur.

ART. 2.

Lesdits biens passeront à ladite princesse, avec le titre de princesse de Piombino, et elle en jouira à dater du 1er janvier 1808.

ART. 3.

A dater du 1er janvier 1808, jusqu'à l'époque de la MAJORITÉ
de ladite princesse ou jusqu'à celle de son MARIAGE, il sera

4

***prélevé*, sur les revenus desdits biens, une somme de 100,000 fr. par an, laquelle somme sera placée sur le grand-livre de France, *ainsi que les intérêts*, au titre de la princesse de Piombino.**

ART. 4.

Venant, ladite princesse de Piombino, à mourir SANS ENFANTS, lesdits biens seront reversibles à la princesse Élisa, et celle-ci venant à mourir SANS HÉRITIERS, nous nous en réservons la reversibilité à notre couronne.

ART. 5.

Lesdits biens ne pourront être aliénés ou vendus que de notre consentement, et le produit de la vente devra, dans ce cas, être placé au grand-livre de France.

ART. 6.

Notre ministre des Finances est chargé de l'exécution du présent décret.

Signé : NAPOLÉON.

EXTRAIT DE L'ÉTAT ANNEXÉ AU DÉCRET CI-DESSUS.

Administration de l'Enregistrement et des Domaines.

ÉTATS DE PARME ET PLAISANCE.

État de consistance dressé le 15 mars 1808, de cent-quinze domaines ruraux disponibles, formant ensemble, suivant les baux courants, un revenu de cent-cinquante mille quatorze francs cinquante-huit centimes (150,014 fr. 58c.), contributions à la charge des domaines non déduites.

Certifié par le conseiller d'État directeur de l'administration de l'Enregistrement et des Domaines, d'après les états élémentaires qu'il s'est fait fournir par les receveurs directement, et les baux courants existants en leurs bureaux.

Paris, le 15 mars 1808.

Signée : Duchatel.

Vu, le ministre des Finances,

Signé : Gaudin.

Pour ampliation et extrait,
à Paris, le 10 janvier 1844,
Pour le Garde des Sceaux,
Ministre secrétaire d'État de la Justice et des Cultes,
Le conseiller d'État
Secrétaire général du ministère,

Desclozeaux.

—

DÉCRET DU 29 NOVEMBRE 1811.

« Les rentes en 5 pour 100 provenant de la retenue et du placement cumu-
« latif de la somme annuelle de 75,000 fr., à prélever sur les revenus que nous
« avons attribués à la princesse de Piombino, par notre décret du 24 mars
« 1808, seront immobilisées et inscrites comme telles sur le grand-livre de la
« dette publique *jusqu'au temps* et sous les conditions fixées par notre dit décret.»

OBSERVATIONS.

Que voulut l'Empereur par ces deux décrets? Qu'à sa *majorité* ou à son *mariage*, sa nièce pût librement disposer des inscriptions de rentes achetées chaque
année avec les fonds venus de Parme. C'est la condition commune. On ne peut
disposer de son bien tant que l'on est en état de *minorité;* le mineur devient
majeur par l'effet de son mariage (Cod. civ., art. 476).

L'Empereur prévoit le cas du décès de sa nièce. Si elle décède laissant des
enfants, les rentes leur appartiendront, conformément à la loi commune.—
Décède-t-elle au contraire *sans enfants*, c'est sa mère qui héritera de ses rentes,
conformément encore au droit commun. Dans quel cas le donateur en ré-
serve-t-il la reversibilité à sa couronne? Dans le cas où sa sœur, la princesse
Élisa, décéderait elle-même sans héritiers, c'est-à-dire sans aucun parent suc-
cessible dans les lignes descendante, ascendante et collatérale, chose à peu
près impossible, en raison de la nombreuse progéniture des frères et sœurs
de l'empereur Napoléon. C'est le droit commun dans toute sa force, car, aux
termes du Code civil, l'État devient héritier de celui qui décède sans laisser ni
parents au degré sucessible, ni enfants naturels, ni conjoint (art. 767 et 768).

N° **2.**

(Voyez le décret ci-dessus, art. 3.)

Le rapport du Ministre du Trésor à l'Empereur portait en outre « que les
« rentes devaient, attendu leur origine et leur destination, être classées dans
« une catégorie *particulière*, et que si le but de cumulation progressive vers
« lequel elles étaient dirigées ne permettait pas de leur appliquer les formes
« d'immobilisation définitive et de retenue prescrites à l'égard des autres dota-
« tions en 5 p. 0/0 ; elles étaient au moins susceptibles d'une immobilisation
« *provisoire* qui pût prévenir toute aliénation et assurer l'effet de l'emploi pres-
« crit par Sa Majesté. »

N° **3.**

Le traité de Fontainebleau, du 11 avril 1814, ne fut pas inséré au *Moniteur*.
On le trouve dans *Martens* et aussi dans *Isambert*, année 1814 : en voici les
principales dispositions.

ART. 1ᵉʳ.

Renonciation au trône de la part de l'Empereur.

ART. 2.

Conservation, au profit de Napoléon et de sa famille, de leurs titres.

ART. 3.

« L'Ile d'Elbe adoptée par S. M. l'Empereur Napoléon, pour le lieu de son
« séjour, formera, sa vie durant, une principauté séparée, qui sera possédée
« par lui en toute souveraineté et propriété.

« Il sera, en outre, donné en toute propriété, à l'Empereur Napoléon un
« revenu annuel de deux millions, dont un reversible à l'Impératrice (1).

---

(1) Cet article n'a été respecté dans aucune de ses dispositions.

ART. 5.

« Les duchés de Parme, Plaisance et Guastalla seront donnés en toute pro-
« priété et souveraineté à S. M. l'Impératrice Marie-Louise. Ils passeront à son
« fils et à sa descendance en ligne directe. Le prince son fils prendra, dès ce
« moment, le titre de prince de Parme, Plaisance et Guastalla (2).

ART. 6.

« Il sera réservé dans les pays auxquels l'Empereur Napoléon renonce pour
« lui et sa famille, des domaines ou donné des rentes sur le grand-livre de
« France produisant un revenu annuel net, et déduction faite de toutes char-
« ges, de *deux millions cinq cent mille francs*. Ces domaines ou rentes appar-
« tiendront en toute propriété et pour en disposer comme bon leur semblera,
« aux princes de sa famille, et seront répartis de manière à ce que le revenu
« de chacun soit dans la proportion suivante, savoir : à Madame - Mère,
« 300,000 fr.; au roi Joseph et à la Reine, 500,000 fr.; au roi Louis, 200,000 fr.,
« à la reine Hortense et à ses enfants, 400,000 fr.; au roi Jérôme et à la Reine,
« 500,000 fr.; à la princesse Élisa, 300,000 fr.; à la princesse Pauline,
« 300,000 fr.

**« Les princes et princesses de la famille de l'Empereur Na-
« poléon conserveront, en outre, tous les biens meubles et im-
« meubles, de quelque nature que ce soit, qu'ils possèdent à
« titre particulier, et notamment les rentes dont ils jouissent,
« également comme particuliers,** *sur le grand - livre de*
« France **ou le Monte-Napoleone de Milan. »**

ART. 8.

Relatif au prince Eugène.

ART. 9.

Abandon à la Couronne du domaine extraordinaire et du domaine privé.

---

(1) Cet article fut également violé. *Plaisance* et *Guastalla* n'ont pas été donnés à
Marie-Louise, qui ne possède que *Parme*.

ART. 10.

« Tous les diamants de la couronne resteront à la France. »
Les art. 11, 12, 13 et suiv. n'ont pas d'intérêt pour la question.

ART. 20.

« Les hautes puissances alliées garantissent l'exécution de tous les ar-
« ticles du présent traité. Elles s'engagent à obtenir qu'ils soient adoptés et ga-
« rantis par la France. »
Signés : Prince de Metternich, comte de Nesselrode, baron de Hardemberg,
Caulaincourt, maréchal Ney, maréchal Macdonald.
« Le 12 avril, acte de ratification de l'Empereur Napoléon.
« Le 27 avril, acte d'accession de la Grande-Bretagne. »

N° 4.

Traité de Paris du 30 mai 1814.

Par les art. 2 et 3 du traité de Paris, tout en consentant au rétablissement
de l'ancienne frontière de la France telle qu'elle était au 1er janvier 1792,
Louis XVIII ajouta deux renonciations, l'une patente et l'autre secrète. Par
l'art. 3 du traité de Paris, il renonce « à tous les droits de souveraineté et de
« possession sur tous les pays et districts, villes et endroits quelconques situés
« hors de ces frontières. »
Par la renonciation secrète, mais aujourd'hui connue, on ajoute à l'art. 18
de ce même traité la clause suivante :
« La renonciation du gouvernement contenue dans l'art. 18 s'étend nommé-
« ment à toutes les réclamations qu'il pourrait former contre les puissances
« alliées à titre de *dotations*, de donations, de revenus de la Légion d'Honneur,
« de sénatoreries, de pensions et d'autres charges de cette nature. »
Il faut rappeler ici que par un acte du congrès de Vienne, la souveraineté
du pays de Parme a été dévolue à l'archiduchesse Marie-Louise.

Ainsi, en admettant avec le Conseil d'Etat de 1826, que les rentes dont il s'agit eussent fait partie de la dotation constituée en Italie à la princesse de Piombino, la France n'y avait plus aucun droit depuis le 30 mai 1814, car en renonçant alors à la dotation, elle avait aussi renoncé à l'accessoire, qui suit le sort du principal.

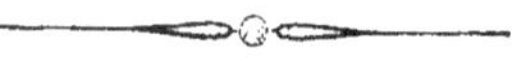

N° 5.

Voyez au *Moniteur* du 13 avril 1815, la déclaration des plénipotentiaires réunis à Vienne et la réponse de Napoléon, justificative du retour de l'île d'Elbe. L'Empereur démontre à l'Europe que le traité de Fontainebleau a été outrageusement foulé aux pieds á son égard et à celui des siens. On y lit, entr'autres choses, ce qui suit :

« La conservation des biens, meubles et immeubles de la famille de l'Em-
« pereur est stipulée par le même traité (art. 6), et elle a été dépouillée des
« uns et des autres ; savoir : à main armée en France par des brigands commis-
« sionnés ; en Italie par la violence des chefs militaires ; dans les deux pays,
« par des séquestres et des saisies solennellement ordonnées.

« L'Empereur devait recevoir deux millions, et sa famille 2,500,000 francs
« par an, selon la répartition établie à l'art. 6 du traité ; et le gouvernement
« français a constamment refusé d'acquitter cet engagement, et Napoléon se
« serait bientôt vu réduit à licencier sa garde fidèle, faute de moyens pour as-
« surer sa paie, s'il n'eût trouvé, dans les reconnaissants souvenirs des ban-
« quiers et des négociants de Gênes et d'Italie, l'honorable ressource d'un prêt
« de douze millions qui lui fut offert.

« Enfin, ce n'était pas sans motif qu'on voulait, par tous les moyens, éloigner
« de Napoléon ces compagnons de sa gloire, modèles de dévouement et de
« constance, garants inébranlables de sa sûreté et de sa vie. L'île d'Elbe lui
« était assurée en toute propriété (art. 3 du traité), et la résolution de l'en dé-
« pouiller, désirée par les Bourbons, sollicitée par leurs agents, avait été prise
« au congrès.

« Et si la Providence n'y eût pourvu dans sa justice, l'Europe aurait vu at-

« tenter à la personne, à la liberté de Napoléon, relégué désormais à la merci
« de ses ennemis, loin de sa famille et séparé de ses serviteurs, ou à Sainte-
« Lucie ou à Sainte-Hélène qu'on lui assignait pour prison. »

N° 6.

Voyez au *Moniteur* le compte-rendu de la discussion des 2, 3, 4, 5 et 6 janvier 1816.

M. Siméon. « Le Roi ne peut et ne voudrait pas suspendre les lois fondamentales de la constitution du royaume : les lois protectrices de la liberté et de la propriété.

« Quoiqu'on ait évité de prononcer la confiscation, elle est toute entière dans cette indemnité dangereuse, parce que sous un nom moins odieux, elle nous ramènerait à une chose funeste.

« Il ne faut pas appliquer aux crimes d'Etat les lois civiles et ordinaires : un particulier cause un préjudice à un autre particulier, il lui en doit le dédommagement. Il ne peut en être ainsi pour des dommages causés à l'Etat par des troubles ou des guerres civiles. »

« Lorsqu'on s'est décidé à ne pas excepter les crimes d'Etat de l'abolition de la confiscation, on a renoncé à l'indemnité quelconque qu'elle pourrait fournir ; *on a voulu surtout que le fisc n'eut point d'intérêt à la poursuite des coupables et que le gouvernement ne fut pas suspecté de rechercher des crimes pour se procurer de l'argent.* »

« On violerait, en adoptant l'amendement, les principes généralement adoptés contre la confiscation.

M. Royer-Collard. « Toutes les nations civilisées ont établi et consacré cette maxime *que les lois se font pour l'avenir et non pour le passé* : c'est pourquoi on écrit partout les lois et on les publie. A ce moment seulement elles s'emparent des actions des hommes, et les innombrables *évènements* des sociétés s'écoulent devant elles définis, caractérisés, *soumis à des règles qui seules leur sont applicables.*

« L'indemnité proposée ne diffère point de la confiscation des biens ; c'est donc de la confiscation qu'il s'agit. Si l'on vous proposait, Messieurs, de rétablir, à l'avenir, pour les crimes d'Etat, la peine de la confiscation des biens abolie par la Charte, la Chambre, je n'en doute point, entendrait cette proposition avec effroi. Les confiscations, nous ne l'avons pas oublié, sont l'âme et le nerf des révolutions. Après avoir confisqué parce qu'on avait condamné, on condamne pour confisquer. La férocité se rassasie ; la cupidité jamais. Les confiscations sont si odieuses, Messieurs, que notre révolution en a rougi, elle qui qui n'a rougi de rien. Elle a lâché sa proie : elle a rendu les biens des condamnés.

« Eh bien ! Messieurs, que doit-on penser et que faut-il dire quand *la confiscation est proposée, non pour l'avenir, mais pour le passé*, contre la Charte qui abolit cette peine et qui défend de la rétablir ? Et quelle sera cette loi de confiscation rétroactive ? Une loi d'amnistie. Et dans quelle circonstance sera-t-elle publiée ? Après que plusieurs des plus grands coupables ont subi la peine capitale. Sont-ils à l'abri de la confiscation ? La justice ne permet pas que d'autres en soient frappés. La confiscation doit-elle les atteindre ? Qu'on les fasse donc sortir du tombeau et qu'on les ramène devant leurs juges, afin qu'ils entendent de leurs bouches cette condamnation qui ne leur a point été prononcée. »

M. Decaze, ministre de la police générale :

« La loi qui vous est proposée, Messieurs, est une loi de sagesse : en jugeriez-vous autrement ? Et sur quels indices appuyeriez-vous le dissentiment qui s'élèverait à cet égard entre la peine du monarque et la votre ? »

M. Pasquier. « Si la confiscation dont l'abolition a été un si grand bienfait a été détruite pour les faits civils et particuliers, ce sacrifice dans la pénalité a eu pour objet principal d'arriver à abolir cette odieuse confiscation pour les faits politiques. C'est là surtout qu'elle est dangereuse et qu'elle entraîne à sa suite les injustices et les révolutions. »

━━━━━━━━━━◆◆◆◆━━━━━━━━━━

N° 7.

L'art. 4 de la loi du 12 janvier 1816, est ainsi conçu :

« Les ascendants et descendants de Napoléon Bonaparte, ses oncles et ses

« tantes, ses neveux et ses nièces, ses frères, leurs femmes et leurs descen-
« dants, ses sœurs et leurs maris, sont exclus du royaume à perpétuité, et
« sont tenus d'en sortir dans le délai d'un mois, sous la peine portée par
« l'art. 91 du Code Pénal. Ils ne pourront y jouir d'aucun droit civil, y possé-
« der aucun biens, titres, pensions à eux accordés à *titre gratuit*, et ils seront
« tenus de vendre, dans le délai de six mois, *les biens de toute nature qu'ils*
« *possédaient à titre onéreux.* »

Des rentes achetées en France avec des fonds venus successivement de
Parme depuis 1808 jusqu'en 1814, constituent-elles une propriété acquise à
titre onéreux? Poser la question, c'est la résoudre. Si l'on eut acheté chaque
année cent mille francs de propriétés immobilières, l'acquisition eût bien certainement été considérée comme faite à titre *onéreux*, et la vente ordonnée par
la loi de 1816 n'aurait souffert aucune difficulté. Si l'on eut pu disposer des immeubles, on devait pouvoir également disposer des rentes; la loi prescrit l'a-
liénation des biens de TOUTE NATURE.

* * *

N° 8.

Extrait du Sénatus-Consulte du 30 juin 1810.

Art. 55. — Les apanages sont dus,

1° Aux *Princes* fils puînés de l'Empereur régnant, etc.

2° Aux descendants *mâles* de ces princes, etc.

Art. 56. — « Il n'est pas dû d'apanage aux princesses et à leurs descen-
« dants, sans préjudice des dispositions du titre v ci-après. »

Art 62. — « Le droit aux apanages n'est ouvert que lorsque les *Princes*,
« auxquels ils appartiennent, se marient ou ont atteint leur *dix-huitième*
« année. »

Art. 86. (Tit. v.) — « Les princesses..... sont dotées par l'Empereur sur
« son domaine privé ou sur le domaine extraordinaire, et en cas qu'ils ne
« soient pas suffisants par l'État, dans lequel cas il sera statué par un Sénatus-
« Consulte.

N° 9.

Voici comment est rapportée cette décision du Conseil d'État dans le Recueil de Macarel, tom. 8, pag. 483. (Voy. aussi Germain et Roche, tom. 4, pag. 83.)

Majorat (1). — Rentes. — Famille Bonaparte.

Les rentes achetées en vertu du titre institutif d'un MAJORAT *(2), avec le produit des prélèvements annuels sur le revenu, font-elles partie du* MAJORAT *(3), et sont-elle censées ne former avec* LUI *qu'un tout indissoluble, surtout lorsqu'elles ont été immobilisées et déclarées inaliénables (4)? Rés. aff.*

(5540. — 2 Août 1826. — Baciocchi).

Par décret du 24 *mars* 1808, Napoléon Bonaparte, en conférant à sa nièce Elisa Baciocchi, alors âgée de trois ans, le titre de princesse de Piombino, institua en sa faveur, et pour être attachée à ce titre, une dotation de 150,000 fr. de revenu en biens fonds, situés dans le duché de Parme.

L'art. 3 de ce décret était ainsi conçu : « A dater du 1er janvier 1808, *jusqu'à* « *l'époque* de la MAJORITÉ de ladite princesse ou jusqu'à celle de *son mariage*, il « sera prélevé, sur le revenu desdits biens, la somme de 100,000 fr. par an, « laquelle somme sera placée sur le grand-livre de France, ainsi que les inté- « rêts, au titre de la princesse de Piombino.»

(Postérieurement, cette somme de 100,000 fr. fut réduite à 75,000 fr.)

L'art. 4 portait : « Venant ladite princesse de Piombino à mourir sans « enfants, lesdits *biens* sont reversibles à la princesse Elisa, mère de la titu- « laire, et celle-ci venant à mourir *sans héritiers*, nous nous en réservons la re- « versibilité à notre Couronne. »

Par un second décret du 29 novembre 1811, il fut ordonné que les rentes obtenues au moyen du prélèvement ci-dessus seraient immobilisées et inscrites

---

(1, 2 et 3) Il n'y avait point de *majorat.*

(4) *Immobilisées* et déclarées *inaliénables*, et l'on se garde d'ajouter que l'inaliéna- bilité avait pour limite la *majorité* ou le *mariage.*

Et voilà comment on écrit l'histoire judiciaire et administrative.

comme telles sur le grand-livre de la dette publique jusqu'au terme et sous les conditions fixées par le décret institutif du *majorat* (1).

En 1814, les arrérages de ces rentes s'élevaient à 31,165 fr. Un fondé de pouvoirs du prince Baciocchi, tuteur de sa fille, se présenta pour toucher le semestre échu des arrérages : mais il apprit que le ministre des finances avait donné l'ordre de ne pas le payer. Réclamation au nom du tuteur : elle fut infructueuse.

Survint la loi du 12 janvier 1816. —Le prince Baciocchi, se fondant sur cette loi, et prétendant que les rentes dont il s'agit avaient été acquises à titre onéreux, intenta une action contre le Trésor devant le tribunal civil de la Seine. Le Trésor déclina cette juridiction, attendu, selon lui, qu'il s'agissait avant tout de savoir si les rentes faisaient ou non partie du majorat institué à titre gratuit. Le tribunal admit l'exception et sursit à statuer sur l'application de la loi du 12 janvier 1816 jusqu'à décision sur cette question, par l'autorité compétente : aux termes de l'art. 5 du décret du 4 mai 1809, c'était au Conseil d'État qu'il appartenait de prononcer sur cette question. En conséquence, le prince Baciocchi se pourvut devant le Conseil, sur l'interprétation du décret du 24 mars 1808.

On y a soutenu pour lui, au nom qu'il agissait, que les rentes ne faisaient pas partie du majorat ; que la constitution primitive et le mode particulier d'immobilisation de ces rentes n'avaient pas les caractères de perpétuité et d'irrévocabilité essentiels aux majorats : de *perpétuité*, en ce que le placement en rentes d'une partie du revenu du majorat était simplement temporaire : que ces rentes n'avaient été immobilisées que provisoirement puisque, d'après la combinaison du décret qui avait institué le majorat, et celui qui avait ordonné l'immobilisation des rentes, cette immobilisation devait cesser à la majorité, au mariage ou même au décès de la titulaire ; d'*irrévocabilité*, puisque le placement de 100,000 fr. avait été réduit à 75,000 fr., et que le donateur avait la liberté de le réduire encore et même de le faire cesser. Enfin, on a soutenu que les termes de l'art. 4 du décret d'institution ne s'appliquaient qu'aux biens fonds composant le majorat et non aux rentes. On a invoqué, en outre, à l'appui du pourvoi, une décison rendue, dans un cas à peu près analogue, en faveur des militaires tués à Austerlitz.

---

(1) Il n'y avait pas de majorat. Quels étaient le *terme* et les *conditions*? la *majorité* ou le *mariage*.

Charles , etc.

« Vu le décret du 24 mars 1808 portant, art. 3, que « sur le revenu des biens
« affectés à la dotation de la princesse Elisa , la somme de 100,000 fr. par an
« sera placée sur le grand-livre de France, ainsi que les intérêts, au titre de la
« princesse de Piombino, — Vu l'art. 1er du décret du 29 novembre 1811, lequel
est ainsi conçu : « les rentes en 5 p. 0/0, provenant de la retenue et du place-
« ment cumulatif de la somme de 75,000 fr., à prélever sur le revenu attribué
« à la princesse de Piombino, par le décret du 24 mars 1808, seront immobi-
« lisées et inscrites comme telles sur le grand-livre de la dette publique jus-
« qu'au temps et sous les conditions fixées par ledit décret.

« Vu les art. 4 et 5 du décret du 4 mai 1809, portant que la connaissance de
toutes les contestations qui pourront s'élever relativement à l'étendue et à la
valeur des majorats, est attribuée au Conseil d'État, sur l'avis du Conseil du
sceau des titres. — Vu l'avis donné, aux termes des art. 4 et 5 du décret du 4
mai 1809 par la commission du sceau ;

« Considérant que les rentes dont il s'agit ont été achetées, en vertu du titre
institutif dudit majorat, avec le produit des prélèvements annuels ordonnés sur
les revenus, par les décrets des 24 mars 1808 et 29 novembre 1811; qu'elles
ont été immobilisées, déclarées inaliénables, attachées au titre de princesse de
Piombino, et que l'art. 4 du décret du 24 mars 1808 prononce la reversibilité à
la Couronne, sans distinction des biens fonds et desdites rentes. »

ART. 1er. — Il est déclaré que les rentes dont il s'agit font partie du majorat
institué par le décret du 24 mars 1808 (1).

N° 10.

CONSEIL D'ÉTAT.

EXTRAIT DU REGISTRE DES DÉLIBÉRATIONS.

Séance du 28 novembre 1838.

LOUIS-PHILIPPE, Roi des Français ,
Sur le rapport du comité de législation et de justice administrative,

---

(1) *Voyez* page 10 et suivantes.

Vu la requête à nous présentée au nom de la princesse de Camerata, fille d'Élisa Baciocchi ; — Ensemble, une note additionnelle , une requête ampliative, enregistrées au secrétariat-général de notre Conseil d'Etat, les 24 septembre et 10 mars 1834, et tendant à ce qu'il nous plaise casser et réformer une décision de notre ministre des Finances, en date du 25 juin 1834, ce faisant, et sans s'arrêter à l'opposition formée par notre dit ministre, ordonner qu'il sera payé à ladite princesse le montant des arrérages échus et immobilisés depuis 1808 jusqu'au 12 janvier 1816, de la rente inscrite au grand-livre de la dette publique.

« Vu la décision attaquée ;

« Vu la lettre adressée, le 5 mai 1838, à notre garde des sceaux, ministre secrétaire d'État de la Justice, par notre ministre secrétaire d'État des Finances, en réponse à la communication qui lui a été donnée des requêtes ci-dessus visées ;

« Vu le traité conclu à Fontainebleau le 11 avril 1814, le traité du 30 mai 1814, la convention diplomatique du 15 juin 1818 ;

« Vu l'art. 4 de la loi du 12 janvier 1816 ;

« Vu toutes les autres pièces produites et jointes au dossier ;

« Ouï Mᵉ Galisset, avocat de la princesse de Camerata ;

« Ouï M. Marchand, maître des requêtes, remplissant les fonctions de ministère public ;

« Considérant que les questions que présentent à résoudre les requêtes ci-dessus visées, se rattachent soit à des traités et des conventions diplomatiques, soit à des actes du gouvernement ayant un caractère *essentiellement politique*, dont l'interprétation et l'exécution ne peuvent nous être déférées par la voie contentieuse en notre conseil d'État ;

« Notre conseil d'État entendu ;

« Nous avons ordonné et ordonnons ce qui suit :

ARTICLE PREMIER.

« Les requêtes de la princesse de Camerata, fille d'Élisa Baciocchi, sont rejetées.

ART. 2.

« Notre garde des sceaux ministre secrétaire d'État de la Justice, et nos ministres secrétaires d'État des Finances et des Affaires étrangères, sont chargés, chacun en ce qui le concerne, de l'exécution de la présente ordonnance. »

Approuvé le 5 décembre 1838.

Signé : LOUIS-PHILIPPE.

Par le Roi,
Le garde des sceaux, ministre de la Justice,
Signé : BARTHE.

Pour expédition conforme à la minute,
enregistrée à Paris, le 14 décembre
1838, par Henisset, qui a reçu 27 fr.
50 c., dixième compris,
Le secrétaire-général du conseil d'État,
Signé : HOCHET.

N° 11.

Aucune opposition n'est reçue au transfert d'une inscription ou au paiement de ses *arrérages*, si ce n'est dans deux cas seulement : le premier, lorsque l'opposition est formée par le propriétaire de l'inscription, et le second, quand elle est faite par l'agent du Trésor royal, sur une rente appartenant à un *comptable* de deniers publics, *dont les comptes ne sont pas apurés*. Excepté ces deux cas, l'opposition, *fût-elle autorisée par un jugement*, n'est point valablement formée. Telle a été l'opinion des Comités de législation et des finances réunis, dans leur avis du 11 novembre 1817, ainsi conçu :

« Vu l'art. 3 de la loi du 22 floréal an VII, portant : *Il ne sera plus reçu à l'a-* « *venir d'opposition sur le tiers consolidé de la dette publique, inscrite ou à in-* *scrire ;*

« Considérant qu'il résulte de cet article que nulle opposition ne peut être
« reçue au préjudice de ceux qui sont saisis d'une inscription, en vertu d'un
« transfert régulièrement fait ;

« Que le tribunal du département de la Seine a entrepris sur l'autorité ad-
« ministrative, en autorisant une opposition *que le Trésor royal ne peut recevoir,*
« *aux termes des lois relatives à son organisation ;*

« Sont d'avis que l'opposition dont s'agit n'a pas été valablement formée. »
(Favart de Langlade, v° Dette perpétuelle.)

N° 12.

Le conseil d'État fut incompétemment saisi, parce qu'il ne s'agissait pas
d'une question de *majorat.* Le contraire eût eixsté, que l'incompétenceétait
proclamée par les art. 4 et 5 du décret d 4 mai 1809. En effet, l'art. 4 attribue
au conseil d'État la connaissance de toutes les contestations entre les posses-
seurs de majorats *situés en pays étranger.* L'art. 5 porte : « les contestations de
« même nature qui *pourront s'élever dans l'intérieur du royaume* seront portées
« devant les *tribunaux ordinaires.* »

C'est donc à tort que la compétence du tribunal civil de la Seine fut *déclinée.*
S'agissant d'une question de propriété, les *tribunaux ordinaires* étaient seuls
compétents.

Il faut prendre aujourd'hui les choses dans l'état où elles sont, et puisque
le *pouvoir politique* est saisi, qu'il prononce.

SUPPLÉMENT

A L'APPENDICE.

Après la décision du conseil d'État du 5 décembre 1838, un Mémoire a été adressé au *Roi, en son conseil des ministres.* Voici en quels termes il en fut accusé réception :

MAISON DU ROI.

« Le chef du secrétariat a l'honneur d'informer Monsieur Patorni, avocat, que la demande qu'il a adressée au Roi, pour solliciter la main-levée d'une opposition formée à une inscription de rente au profit d'une nièce de l'Empereur, a été transmise à M. le ministre des Finances, comme objet rentrant spécialement dans ses attributions.

» Carrousel, 8 janvier 1841. »

M. Guizot répondit de la manière suivante :

MIMISTÈRE DES AFFAIRES ÉTRANGÈRES. — CABINET.

« Le ministre des Affaires étrangères a reçu, avec la lettre que monsieur Patorni a bien voulu lui écrire, le mémoire de madame la comtesse de Camerata, qu'il se propose de lire avec attention. »

M. Humann, ministre des Finances, demanda un rapport à M. Bailly, directeur de la dette inscrite, qui dut lui faire connaître que, sous le ministère de M. de Villèle, on avait écrit sur le talon des inscriptions de rentes de la nièce de l'Empereur, le mot ANNULÉ.

6.

Arrêté par cette circonstance, M. Humann fit inviter la princesse Napoléon-Élisa Baciocchi, comtesse de Camerata, à avoir recours à la Chambre des Députés. Son langage fut noble et élevé. « Rien n'est plus sacré, dit-il, que cette réclamation ; mais la Chambre des Députés peut seule me mettre à même de réparer la criante iniquité de la restauration. »